INHALTSVERZEICHNIS

W0248912

Scharfer Rindfleischsalat

400 g	Rinderrücken	2 EL	Limettensaft
1 EL	Austernsoße	1	kleine rote Zwiebel
2 EL	Sojasoße	400 g	frische Ananas
1	Knoblauchzehe	1 Bund	Brunnenkresse
2-3	Chilischoten	1 Bund	Basilikum
1 EL	Zucker	3 EL	ÖL
etwas	Salz		

Rezept für 4 Personen, Zubereitungszeit 20 min., 225 kcal pro Portion

1 Rinderrücken in kleine Stücke schneiden und in einer Schüssel mit Austernsoße und Sojasoße mischen. Nun Knoblauch schälen und im Mixtopf 30 Sek./Stufe 8 zerkleinern. Aus dem Mixtopf nehmen. Chilischoten in den Mixtopf und auf Stufe 8 zerkleinern. Zucker, ½ TL Salz und 2 EL Limettensaft dazu und auf Stufe 2/Linkslauf mischen. Beiseite stellen.

2 Zwiebeln im Mixtopf 15 Sek./ Stufe 5 zerkleinern. Ananas schälen und Fruchtfleisch in feine Scheiben schneiden. Kräuter waschen und Blätter abzupfen. In einem Wok Öl erhitzen und Knoblauch und Fleisch darin anbraten. Nun das Fleisch mit den ganzen anderen Zutaten in eine Schüssel geben und mischen. Dazu passt Baguette.

Mais-Krabben-Suppe

1 l	Brühe	1 Bund	Koriander
220 g	Maiskörner	etwas	Salz und Pfeffer
200 g	geschälte Krabben	2	Eier
4	Frühlingszwiebeln		

Rezept für 4 Personen, Zubereitungszeit 15 min., 200 kcal pro Portion

1 Koriander und Frühlingszwiebeln im Mixtopf 30 Sek./ Stufe 5 zerkleinern. Dann Krabben dazu und auf Stufe 2 kurz zerkleinern. Beiseite stellen. Nun 100 g Mais im Mixtopf auf Stufe 8 pürieren. Dann Brühe dazu und alles bei Stufe 1/Linkslauf/100 °C für 5 Min. kochen lassen.

2 Nun Krabben, Zwiebeln und restlichen Mais hinzugeben. Nochmals bei 100 °C/Linkslauf erhitzen. Mit Salz und Pfeffer abschmecken. Nun die Eier unter rühren auf Stufe 3, die Suppe quirlen. Noch 1 Min. ruhen lassen, dann Koriander darüber und servieren.

TOFU-DILL SUPPE

100 g	Lauch	200 g	Tofu
2 EL	Tamarindenpüree	4	Frühlingszwiebeln
etwas	Salz und Pfeffer	1 Bund	Dill
3	Tomaten	etwas	Fischsauce

Rezept für 4 Personen, Zubereitungszeit 20 min., 75 kcal pro Portion

1 Tomaten und Tofu im Mixtopf Stufe 2 grob zerkleinern. Beiseite stellen. Nun Frühlingszwiebeln und Dill im Mixtopf 10 Sek./ Stufe 5 zerkleinern. Mit zu den Tomaten geben.

2 Lauch im Mixtopf 10 Sek./Stufe 5 zerkleinern. Tamarindenpüree und 800 ml Wasser dazu und alles bei 100 °C für 15 Min. kochen lassen. Zwischendurch salzen. Anschließend durch ein Sieb gießen und Flüssigkeit wieder zurück in den Mixtopf.

3 Nun die Tomaten, Frühlingszwiebeln, Dill und Tofu zugeben, nochmals bei 100 °C aufkochen und mit Pfefer und Fischsauce abschmecken. Nun servieren.

Einfache Gemüsesuppe

2	Knoblauchzehen	100 g	Möhren
1 Stk.	Ingwer	200 g	Blumenkohl
1	Chilischote	100 g	grüne Bohnen
1 TL	Salz	etwas	Pfeffer
1	Zwiebel	4	Frühlingszwiebeln
1 EL	Öl	1 Bund	Koriander
1 l	Gemüsebrühe		

Rezept für 4 Personen, Zubereitungszeit 20 min., 110 kcal pro Portion

1 Knoblauch und Ingwer schälen. Nun zusammen mit dem Chili und Frühlingszwiebln im Mixtopf 30 Sek./Stufe 5 zerkleinern. Salz dazu und mit dem Spatel unterrühren. Beiseite stellen. Möhren, Bohnen und Blumenkohl zerkleinern. Zwiebeln in den Mixtopf und 5 Sek./Stufe 2 zerkleinern.

2 Gewürzpaste und Öl dazu und auf bei 3 Min./100 °C/ Linkslauf/Stufe 1 anbraten. Brühe zugießen und bei 100 °C zum kochen bringen. Das Gemüse in die Brühe geben und 8 Min. kochen lassen. Mit Salz und Pfeffer abschmecken. Nun die beiseite gestellten Zutaten und abgezupften Koriander dazu und servieren.

Kürbissuppe mit Kokosmilch

15 g	Mu-Err-Pilze	200 ml	Kokosmilch
50 g	Erdnusskerne (geschält)	etwas	Salz
500 g	Kürbis	1 Bund	Koriander
100 g	Zucchini	4 Stängel	Polygonum
1	Chilischote (mild)		
etwas	Zucker		
600 ml	Gemüsebrühe		

Rezept für 4 Personen, Zubereitungszeit 60 min., 140 kcal pro Portion

1 Pilze und Erdnüsse getrennt jeweils 30 Min. in warmen Wasser einweichen. Kürbis und Zucchini in Mundgerechte Stücke teilen. Nun die Chilischote im Mixtopf 30 Sek./Stufe 8 zerkleinern. Salz zugeben.

2 Pilze und Erdnüsse aus dem Wasser nehmen. In kleine Stücken in den Mixtopf geben. Kürbis dazu und die Brühe angießen. Alles bei 100 °C/Linkslauf für 15 Min. kochen.

3 Zucchini und Kokosmilch dazu, mit Salz abschmecken und nochmals 5 Min./Linkslauf/100 °C fertig garen. Inzwischen die Kräuter waschen und abzupfen. Suppe in Schüsseln verteilen, mit den Kräutern bestreuen und servieren.

Pfannengerührter Pak Choi

600 g	Pak Choi	2 EL	Sesamsamen
10	Schalotten (violett)	2 EL	Austernsauce
1	Chilischote (groß, mild)	etwas	Salz
1 EL	Sesamöl		
3 EL	Öl		

Rezept für 4 Personen, Zubereitungszeit 10 min., 150 kcal pro Portion

1 Pak Choi, Schalotten und Chilischote in den Mixtopf geben und alles 30 Sek./Stufe 2 zerkleinern.

2 Beide Öle in einer Pfanne erhitzen. Die Masse aus dem Mixtopf darin 2 Min. anbraten. Sesam dazu und kurz mit braten.

3 Austernsoße und 2 EL Wasser zugeben und zugedeckt weitere 2 Min. fertig garen. Mit Salz abschmecken und servieren.

Süsskartoffel-Curry

800 g	Süßkartoffeln
400 ml	Kokosmilch
etwas	Currypaste
1 Bund	Koriander
etwas	Salz

Rezept für 4 Personen, Zubereitungszeit 25 min., 200 kcal pro Portion

1 Süßkartoffel in kleine Stücke schneiden und weich kochen. 3-4 EL Kokosmilch mit im Mixtopf erhitzen 100 °C. Currypaste und die Süßkartoffeln zufügen. Mit Hilfe des Spatels umrühren.

2 Restliche Kokosmilch zugeben und 5 Min. bei 100 °C köcheln lassen. In der Zwischenzeit Koriander abzupfen und waschen. Das Gericht mit Salz abschmecken und mit dem Koriander garnieren. Dann servieren.

Gebratener Tofu mit Minze

400 g	Tofu	etwas	Salz und Pfeffer
½ Bund	Minze		
½ Bund	Koriander		
1	Knoblauchzehe		
3 EL	Öl		

Rezept für 4 Personen, Zubereitungszeit 10 min., 155 kcal pro Portion

1 Tofu in 2 cm große Würfel schneiden und abtropfen lassen. Knoblauch in den Mixtopf geben und 30 Sek./Stufe 8 zerkleinern. Nun die Kräuter dazu und weitere 15 Sek./Stufe 4 zerkleinern.

2 Das Öl in einer Pfanne erhitzen. Tofu mit der Kräuter-Knoblauch-Mischung bestreichen und 5-6 Min. anbraten lassen. Aufpassen das der Tofu nicht zerfällt. Die Würfel kräftig salzen und pfeffern, dann servieren.

Thunfisch in Karamellsauce

500 g	Thunfischfilet	5 EL	Fischsauce
2	Knoblauchzehen	½ TL	Pfefferkörner
1 Stk.	Ingwer	3	Frühlingszwiebeln
3 EL	Zucker	½ Bund	Koriander
2 EL	Öl		

Rezept für 4 Personen, Zubereitungszeit 25 min., 425 kcal pro Portion

1 Fisch in 2 cm dicke und 8 cm lange Stücke schneiden. Knoblauch und Ingwer geschält in den Mixtopf geben und 30 Sek./Stufe 8 hacken. Beiseite stellen. 100 ml Wasser in einem Topf zum kochen bringen.

2 Davon 1 EL Wasser in den Mixtopf. Zucker zugeben und bei 100 °C/ Linkslauf schmelzen lassen. Sobald der Zucker sich dunkel-gold färbt das Öl, Knoblauch und Ingwer dazu. Dann das kochende Wasser, Fischsauce und Fischfilet dazu und bei 80 °C/ Linkslauf/5 Min. garen lassen.

3 Fischfilets aus dem Mixtopf nehmen und auf Teller anrichten. Die Sauce noch weitere 2-3 Min. kochen lassen. Pfefferkörner mit dem Mörser zerstoßen und in die Sauce geben. Sauce über den Fisch geben. Nun die Frühlingszwiebel und Koriander im Mikxtopf 15 Sek./Stufe 6 zerkleinern. Damit den Fisch bestreuen und servieren.

Schweinefleisch in Karmelsauce

500 g	Schweinefleisch	2 EL	Fischsauce
3 EL	Karamellsauce (siehe Rezept Seite 13)	½ TL	schwarzer Pfeffer
		½ Bund	Koriander
2 EL	brauner Zucker		

Rezept für 4 Personen, Zubereitungszeit 50 min., 225 kcal pro Portion

1 Schweinefleisch in Fingerlange, dünne Streifen schneiden und in einer Schüssel zusammen mit der Karamellsauce, brauner Zucker und Fischsauce 30 Min. marinieren lassen.

2 Fleisch mit der Marinade in den Mixtopf geben und bei 100 °C zum kochen bringen. Sirupartig einkochen lassen, 80-100 ml Wasser zufügen und bei 80 °C/Linkslauf/8 Min. garen lassen. Pfeffer zum Schluss zufügen und dann mit den abgezupften Korianderblättern servieren.

Pomelo in Chilisalz

1	Pomelo
1 TL	Chiliflocken
2 TL	Salz

Rezept für 4 Personen, Zubereitungszeit 10 min., 10 kcal pro Portion

1 Pomelo schälen, in Segmente teilen und von jedem Segment auch die weiße innere Haut entfernen.

2 Nun die Chiliflocken und das Salz in den Mixtopf geben und 30 Sek./Stufe 8 zerhacken. Die Gewürze zu den Pomelos servieren.

Creme Caramel mit Zitronengras

150 g	Zucker	100 ml	Milch
2 Stängel	Zitronengras	300 g	Sahne
1	Vanilleschote	4	Eier
100 ml	Kokosmilch		

Rezept für 4 Personen, Zubereitungszeit 5 h., 245 kcal pro Portion

1 Zucker und 2 EL Wasser in den Mixtopf geben. Unter ständigem rühren bei 100 °C erhitzen, bis der Zucker karamelisiert. Sofort in kleine Förmchen füllen.

2 Backofen auf 160 °C vorheizen. Eine halbe mit Wasser gefüllte feuerfeste Form, in die alle Förmchen passen, hineinstellen. Nun Zitronengras und das ausgekratzte Mark der Vanilleschote auf Stufe 2 zerkleinern. Dann Milch, Kokosmilch und Sahne dazu und bei 100 °C/Linkslauf für 10 Min. kochen.

3 Restlichen Zucker mit den Eiern schaumig schlagen und die kochende Milch unter rühren hinzufügen. Die Masse durch ein Sieb gießen und ebenfalls in die Förmchen verteilen. Im Wasserbad im Ofen 45 Min. garen. Dann 4 Stunden abkühlen lassen. Dann vorsichtig auf einen Teller stürzen.

Kokos-Bohnen-Dessert

100 g	kleine rote Bohnen	80 g	Zucker
50 g	bunte Tapioka-Nudeln	etwas	Salz
2	Pandanusblätter	etwas	zerstoßenes Eis
300 ml	Kokosmilch		

Rezept für 8 Personen, Zubereitungszeit 30 min., 105 kcal pro Portion

1 Bohnen über Nacht in kaltem Wasser einweichen, am nächsten Tag abgießen und in frischem Wasser 2 ½ h weich köcheln lassen. Nudeln 30 Min. in kaltem Wasser einweichen dann 30 Min. köcheln und anschließend kalt abschrecken.

2 Pandanusblätter, Kokosmilch, Zucker, 200 ml Wasser, Nudeln und 1 Prise Salz in den Mixtopf geben und bei 100 °C/Linkslauf aufkochen lassen. Dann im Kühlschrank abkühlen lassen.

3 Zum servieren die Bohnen auf 8 Gläser verteilen. Dann das Eis darauf. Aus der Kokoscreme die Pandanusblätter fischen und die Creme in die Gläser füllen. Servieren.

Koksoeis

400 ml	Milch	2 EL	geröstete Erdnüsse
400 ml	Kokosmilch	250 g	Früchte der Saison
150 g	Zucker		
1 EL	Speisestärke		
80 g	Kokosflocken		

Rezept für 8 Personen, Zubereitungszeit 10 min., 245 kcal pro Portion

1 Einige Löffel Milch aufheben. Den Rest mit der Kokosmilch und dem Zucker im Mixtopf bei 100 °C/Linkslauf zum kochen bringen. Stärke mit der kalten Milch verrühren. Anschließend langsam unter rühen in den Mixtopf geben. Dann abkühlen lassen.

2 Dann Kokosflocken in die Masse rühren und gefrieren lassen. Vor dem servieren die Erdnüsse im Mixtopf 30 Sek./Stufe 2 zerkleiner. Die Erdnüsse auf dem Eis anrichten und servieren..

Crostini aus Hoi-An

12	Wan Tan-Nudelblätter (TK)	150 g	rohe, geschälte Garnelen
etwas	Salz	2 EL	Öl
250 g	reife Tomaten	1 TL	Sesamöl
1 Bund	Frühlingszwiebeln	2 EL	Sojasoße
2-3	Knoblauchzehen	etwas	Öl zum Fritieren

Rezept für 4 Personen, Zubereitungszeit 20 min., 295 kcal pro Portion

1 Nudelblätter antauen lassen, vorsichtig nacheinander 12 Stück abziehen und diagonal halbieren. Öl in einem Topf erhitzen und die Nudelblätter hellbraun frittieren. Anschließend abtropfen lassen und salzen. Zwiebeln und Knoblauch im Mixtopf 30 Sek./Stufe 8 zerkleinern.

2 Nun Tomaten dazu und nochmals 10 Sek./Stufe 6 zerkleinern. 2 EL Öl und Sesamöl dazu und alles bei 100 °C/Linkslauf kurz anbraten. Sojasoße dazu und 2 Min. weiter dünsten. Nun die Masse auf die fritierten Nudelblätter verteilen und servieren.

Pak-Choi-Suppe mit Garnelenkösschen

20 g	Glasnudeln	2	Knoblauchzehen
150 g	rohe, geschälte Garnelen	500 g	Pak-Choi
12	violette Schalotten	2 EL	Öl
2 EL	Fischsauce	1200 ml	Wasser
etwas	Pfeffer und Salz		

Rezept für 4 Personen, Zubereitungszeit 1 h., 190 kcal pro Portion

1 Glasnudeln 30 Min. in lauwarmen Wasser einweichen. Glasnudeln nach Packungsanweisung kochen. Schalotten im Mixtopf Stufe 5 zerkleinern.Die Garnelen halbieren und ausnehmen. Nudeln und Garnelen dazu und im Mixtopf Stufe 5 zerkleinern. 1 EL Fischsauce, Pfeffer und Salz dazu und alles mit Hilfe des Spatels verrühren. Beiseite stellen.

2 Knoblauch im Mixtopf 30 Sek./Stufe 8 hacken. Pak Choi waschen und trocken schleudern. Öl in den Mixtopf und bei 100 °C/Linkslauf Knoblauch anbraten. Pak-Choi zerkleinert dazu und kurz mitbraten. Brühe aufgießen und 5 Min. kochen lassen. Von der Garnelenmasse kleine Bälchen formen und dann in die Brühe. Nun bei 60 °C für 5 Min. ziehen lassen. Dann servieren.

Hühnersuppe mit Lotus

1	Suppenhuhn	500 g	Lotuswurzeln
1	Zwiebel	1 Bund	Basilikum
1 Stk.	Ingwer		
4	Knoblauchzehen		
etwas	Salz und Pfeffer		

Rezept für 4 Personen, Zubereitungszeit 2 h., 730 kcal pro Portion

1 Huhn in 1500 ml Wasser aufkochen lassen. In der Zeit Zwiebeln und Knoblauch 30 Sek./Stufe 5 zerkleinern. Nun mit in die Brühe geben und 1 ½h bei schwacher Hitze kochen. Erst zum Schluss die Brühe salzen. Dann die Brühe durch ein Sieb abgießen und das Huhn abkühlen lassen.

2 Dann Fleisch vom Knochen lösen. Das Fleisch im Mixtopf Stufe 2 zerkleiern. Aufgefangene Brühe dazu. Lotuswurzeln in 3 cm lange Stücke schneiden und dazu. Die Brühe bei 100 °C/10 Min/Linkslauf/Stufe 1 aufkochen.

3 In der Zwischenzeit Basilikum waschen und zupfen. Suppe mit Salz und Pfeffer abschmecken, dann auf Schüsseln verteilen und mit Basilikum garniert servieren.

Spargelsuppe mit Krebsfleisch

500 g	grüner Spargel	etwas	Salz und Pfeffer
1200 ml	Geflügelbrühe	2	Eiweiß
2 TL	Speisestärke	½ Bund	Koriander
150 g	Krebsfleisch		

Rezept für 4 Personen, Zubereitungszeit 25 min., 125 kcal pro Portion

1 Krebsfleisch im Mixtopf auf Stufe 5 zerkleinern. Beiseite stellen. Spargel waschen, Enden abschneiden und Spitzen schräg in dünne Scheiben abschneiden. Brühe in den Mixtopf und bei 100 °C zum kochen bringen. Spargel dazu und 4-6 Min. kochen lassen. Die Speisestärke mit 3 EL Wasser verrühren und in den Mixtopf bei Stufe 2/Linkslauf geben. Nochmals aufkochen.

2 Krebsfleisch in die Suppe, salzen und pfeffern. Bei 80 °C köcheln lassen. Das Eiweiß leicht schlagen und bei Stufe 2/Linkslauf in die Suppe geben. Nun noch 1 Min. ziehen lassen. Koriander waschen und zupfen. Suppe in Schälchen verteilen, mit Koriander garnieren und servieren.

Eingelegte Sojasprossen

3 EL	Salz
150 ml	Reisessig
200 g	Sojasprossen
1 Bund	Schnittlauch

Rezept für 4 Personen, Zubereitungszeit 1 h., 120 kcal pro Portion

1 Schnittlauch im Mixtopf Stufe 5 zerkleinern. Sojasprossen dazu. Nun noch Salz und Reisessig dazu und auf Stufe 1/Linkslauf verrühren.

2 Alles in kleine Gläser abfüllen. Eine Schüssel mit ¾ l kaltem Wasser füllen und die Gläser darin mindestens eine Stunde im Kühlschrank ziehen lassen. Zum servieren die Sprossen aus der Marinade nehmen und abtropfen lassen.

Curry - Zitronengras Suppe

2	Karotten	2 Stk.	Ingwer
1 Stange	Lauch	1 TL	Curry
1	Apfel	etwas	Salz
1 l	Gemüsebrühe	2 Stängel	Zitronengras
175 ml	Kokosmilch, light	2 EL	Basilikum
2 Stk.	Knoblauch	etwas	Cayennepfeffer

Rezept für 4 Personen, Zubereitungszeit 30 min., 345 kcal pro Portion

1 Die Karotte schälen, den Lauch putzen, den Apfel waschen. Alles in den Mixtopf und auf Stufe 5 zerkleinern. Gemüsebrühe aufgießen und bei 100 °C/Linkslauf/ 10 Min. Stufe 1 kochen.

2 Kokosmilch, Knoblauch, Ingwer und Curry in die Suppe geben und alles auf Stufe 8 pürieren. Mit Salz und etwas Cayennepfeffer abschmecken.

3 Das Zitronengras längs aufschneiden, 10 Min./100 °C/ Linkslauf/Stufe 1 in der Suppe ziehen lassen, anschließend entfernen. Nun auf Teller verteilen und mit dem Basilikum bestreuen.

Bananen - Hühner - Curry

400 g	Hähnchenfilet, in Stücken, gebraten	2 Dosen	Kokosmilch
2	Paprikaschoten, rot	etwas	Salz und Pfeffer
2	Bananen	etwas	Curry
2	Zwiebeln		
etwas	Öl		

Rezept für 4 Personen, Zubereitungszeit 10 min., 310 kcal pro Portion

1 Zwiebeln und Paprika im Mixtopf auf 15 Sek./Stufe 5 zerkleinern. Bananen dazu und nochmals Stufe 5 zerkleinern. Nun das Fleisch und Öl hinzufügen und alles bei 100 °C/Linkslauf/Stufe 1 anbraten.

2 Dann mit Kokosmilch übergießen und weiter bei 100 °C köcheln lassen. Nach Geschmack würzen und die Soße etwas eindicken lassen. Als Beilage empfiehlt sich Reis!

Mango - Endivien - Salat

½	Endiviensalat	1 EL	Senf, Dijon-
1 große	Karotte	1 EL	Honig
1 paar	Sojasprossen	4 EL	Olivenöl
3	Frühlingszwiebeln	1 EL	Limettensaft
1 ½	Orangen	etwas	Salz und Pfeffer
1	Mango (reif)	etwas	Chilipulver
2 EL	Balsamico, weißer		

Rezept für 4 Personen, Zubereitungszeit 30 min., 135 kcal pro Portion

1 Die Endivie im Mixtopf auf Stufe 5 kurz zerkleinern. Dann aus dem Mixtopf nehmen und für 10 Min. in eine Schüssel mit warmen Wasser ziehen lassen, dann trocken schleudern. Die Karotte raspeln und im Mixtopf auf 30 Sek./Stufe 5 zerkleinern.

2 Die Frühlingszwiebeln zugeben und weitere 10 Sek./Stufe 5 zerkleinern. Die Mango dazu und alles bei 10 Sek./ Stufe 5 zerkleinern und zum Schluss die Sprossen hinzugeben. Nun den trockenen Salat zugeben.

3 Von den Orangen einen Teelöffel der Zesten abnehmen, die Orangen auspressen, den Saft mit allen übrigen Dressingzutaten und den Zesten zugeben und auf Stufe 2-3/ Linkslauf verrühren. Durchziehen lassen und servieren.

Kokosmilch selbstgemacht

2 MB	Kokosraspel, getrocknet	2 ½ MB	Wasser, kochend-heißes, alternativ heiße Milch

Rezept für 4 Personen, Zubereitungszeit 20 min., 50 kcal pro Portion

1 Kokosflocken in den Mixtopf geben und mit heißem Wasser übergießen, dann 1 ½ Min./Stufe 2 mischen.

2 Brei leicht abkühlen lassen und durch ein feines Sieb drücken, sodass möglichst die gesamte Flüssigkeit ausgepresst wird. Fertig.

Süss - saurer Chilidip

1 Stk.	Salatgurke, nur ca. 2cm	3 EL	Reisessig
		1 EL	Zucker
1	Chilischote(n), rote	½ TL	Salz

Rezept für 4 Personen, Zubereitungszei 5 min., 68 kcal pro Portion

1 Das Gurkenstück schälen und das Innere entfernen. Die Chilischote waschen, putzen und 1 Min./ Stufe 5 sehr fein hacken. Die Gurke dazu und im Mixtopf auf Stufe 2 sehr fein würfeln.

2 Den Essig mit Zucker und Salz verrühren, bis sich beides aufl- öst und dann zu den Chili- und Gurkenwürfelchen geben. Alles auf Stufe 2 verrühren. Den Dip in ein Schälchen füllen, fertig.

GEBACKENE MAISKUCHEN

500 g	Mais aus der Dose (Abtropfgewicht)	2	Chilischoten, rot und grün
1 Bund	Frühlingszwiebel(n)	1 Stk.	Ingwer, haselnuss- bis walnussgroß
3	Eier	2 EL	Mehl
4 Zweige	Koriandergrün, oder weniger, nach Geschmack	etwas	Gewürze, nach Belieben
5 EL	Öl		

Rezept für 4 Personen, Zubereitungszeit 30 min., 410 kcal pro Portion

1 Die Frühlingszwiebeln, Chilischoten, Ingwer und das Koriandergrün im Mixtopf auf Stufe 5 fein hacken. Nun den abgetropften Mais dazu und nochmals 15 Sek./Stufe 5 zerkleinern.

2 Nun Eier, Mehl und Gewürze nach Belieben zugeben und auf Stufe 3/Linkslauf verrühren. Falls der Teig noch zu flüssig ist, noch etwas mehr Mehl unterrühren. Öl in einer Pfanne erhitzen und kleine Küchlein des Teiges darin ausbacken ca. 3 Min.

Zimt - Kardamom Likör

3 Stangen	Zimt
1 TL	Zimt, gemahlenen
1 TL	Kardamomkapseln
200 g	Kandiszucker, braunen
700 ml	Weinbrand, weichen
100 ml	Apfelsaft

Rezept für 1 Flasche, Zubereitungszeit 30 min., 240 kcal pro Portion

1 Die Zimtstangen, die Kardamomkapseln und den Kandis in den Mixtopf geben. Nun den Weinbrand und den Apfelsaft zugießen, alles im Mixtopf Stufe 2/Linklauf verrühren. Danach in eine Twist-off-Flasche (eine mit breiterer Öffnung) füllen. Fest verschließen und gut durchschütteln.

2 Das Ganze nun mindestens 2 Wochen ziehen lassen, bis sich der Kandis vollständig aufgelöst hat. Den Likör absieben, in kleine Deko-Fläschchen füllen und kalt aufbewahren. In Twist-off-Fläschchen hält sich der Likör mindestens 6 Monate.

Dip aus Sojasosse

60 ml	Sojasauce	1 EL	Erdnüsse, ungesalzen, geröstete, zerstoßen
1	Knoblauchzehe	1 EL	Limettensaft, frisch gepresst
1 TL	Zucker		
1 TL	Pfeffer, weißer		
1	Chilischote(n), rot, fein geschnitten		

Rezept für 4 Personen, Zubereitungszeit 10 min., 120 kcal pro Portion

1 Den Koblauch in den Mixtopf geben und 30 Sek./Stufe 5 fein hacken.

2 Nun die restlichen Zutaten dazu und alles auf Stufe 3/ Linkslauf gut verrühren. Fertig.

Vietnamesischer Reissalat

250g	Basmati-Reis	1	Ei, hart gekocht
1	Hähnchenbrustfilet, gebraten	etwas	Salz und Pfeffer
1 Dose	Mais	100 ml	Mayonnaise
1	Tomate		
1	Zwiebel		

Rezept für 4 Personen, Zubereitungszeit 20 min., 430 kcal pro Portion

1 Den Reis nach Packungsangabe garen. In den Zwischenzeit Zwiebel im Mixtopf auf Stufe 5 zerkleinern. Nun die Tomate, Hähnchenbrust und Ei dazu und auf Stufe 2 kurz zerkleinern.

2 Den gekochten Reis, Mayonnaise und Mais mit in den Mixtopf geben und alles auf Stufe 2/ Linkslauf verrühren. Nun noch abschmecken, ziehen lassen und servieren.

Aromatische Zitronengras - Marinade

3 Stängel	Zitronengras, geputzt
2 große	Schalotten
5	Knoblauchzehen
3 EL	Zucker, braun
5 EL	Fischsauce
3 EL	Limettensaft
1 TL	Pfeffer, schwarz

Rezept für 1 Personen, Zubereitungszeit 10 min., 120 kcal pro Portion

1 Schalotten, Knoblauch und Zitronengras im Mixtopf auf Stufe 8 zerkleinern.

2 Nun die restliche Zutaten dazu und alles 1 Min./Stufe 3 verrühren.

Sesam-Garnelen-Toast

500 g	rohe Garnelen	etwas	Salz und Pfeffer
1	Knoblauchzehe	4-5 Scheiben	Toastbrot
1 Bund	Schnittlauch	4-5 EL	Sesam
100 g	Hackfleisch gemischtes	ca. ¼ l	Öl zum Ausbacken
		6-7 EL	süße Chilisoße (aus der Flasche)
1 TL	Sesamöl		
1	Ei		

Rezept für 4 Personen, Zubereitungszeit 50 min., 450 kcal pro Portion

1 Knoblauch und Schnittlauch im Mixtopf 30 Sek./Stufe 5 fein hacken. Eventuell Garnelen auftauen. Schälen, am Rücken längs einschneiden und den dunklen Darm entfernen. Garnelen waschen trocken tupfen und mit in den Mixtopf. Nochmals 10 Sek./Stufe 2 zerkleinern.

2 Nun Hackfleisch, Sesamöl und Ei dazu und 1 Min./Stufe 4 zu einer Paste vermischen. Vorsichtig mit Salz und Pfeffer würzen. Toastbrot entrinden, halbieren und ca. 1 cm dick mit der Paste bestreichen. Bestrichene Seite im Sesam wälzen und gut andrücken. Öl in einem hohen Topf erhitzen und Garnelen-Toasts darin goldbraun ausbacken. Chilisoße als Dip dazureichen.

Auberginencurry mit frischer Minze

1 Stk.	Ingwer	¼ TL	gemahlener Kreuzkümmel
1	frische Chilischote	4	mittelgroße Tomaten
3-4	mittelgroße Auberginen	etwas	Salz
2 EL	kaltgepresstes Sonnenblumenöl	2 Becher	Joghurt (300 g)
1 TL	Kurkumapulver	½ Bund	frische Minze
1 TL	Paprikapulver	2 TL	gemahlene Senfsamen

Rezept für 4 Personen, Zubereitungszeit 30 min., 250 kcal pro Portion

1 Ingwer schälen, Chilischoten putzen und beides im Mixtopf 30 Sek./Stufe 5 fein hacken. Auberginen abspülen, putzen und im Mixtopf Stufe 2 mit zerkleinern. Öl in einer Pfanne erhitzen. Ingwer, Chili, Kurkuma und die Hälfte des Kreuzkümmels und das Paprikapulver kurz darin andünsten.

2 Auberginenwürfel zugeben und unter Rühren ca. 10 Min. dünsten. Tomaten waschen und im Mixtopf Stufe 1 grob zerkleinern, zu den Auberginen geben und weitere 10 Min. mitdünsten. Mit Salz würzen.

3 Joghurt mit restlichem Kümmel verrühren. Minze waschen, trocken schütteln, und im Mixtopf Stufe 5 fein hacken, zum Joghurt geben und mit Salz abschmecken. Senfsamen unter das Gemüse rühren, nochmals abschmecken. Auberginencurry und Minzjoghurt servieren. Dazu passt Basmatireis.

Zitronen-Limetten-Kokosnuss-Kuchen

1	unbehandelte Zitrone	1 TL	Backpulver
2-3	unbehandelte Limetten	125 g	Kokosraspel
125 g	weiche Butter	etwas	Fett und Mehl für die Form
400 g	Zucker		
4	Eier (Größe M)		
200 g	Mehl		

Rezept für 8 Personen, Zubereitungszeit 90 min., 550 kcal pro Portion

1 Zitrone und Limetten heiß waschen, trocken tupfen. Schalen fein abreiben. Zitrone und 1 Limette auspressen. Eine Springform fetten und mit Mehl ausstäuben. Butter, 200 g Zucker und je 1 Teelöffel Zitronen- und Limettenschale in den Mixtopf geben und auf Stufe 2 zu einer cremigen Masse rühren. Mehl, Backpulver und Kokosraspel dazu und nochmals auf Stufe 2 kurz unterrühren. In die Form füllen, glatt streichen. Im vorgeheizten Backofen bei 150 °C/ 45-50 Min. backen.

2 Inzwischen 1/8 Liter Wasser, 200 g Zucker, Rest Schale und je 4 Esslöffel Limetten- und Zitronensaft im Mixtopf bei 100 °C/Stufe 2 erwärmen, bis sich der Zucker gelöst hat. 10-15 Minuten köcheln, sodass ein dickflüssiger Sirup entsteht. Fertigen Kuchen ca. 10 Minuten in der Form abkühlen lassen. Rand lösen. Kuchen einstechen und die Hälfte des Sirups darüber verteilen. Auskühlen lassen. Rest Sirup zum Kuchen reichen.

Geeiste Mangocreme

200 g	Mango, Konserve abgetropft
2 Blatt	Gelatine weiß
160 g	Zucker
2 TL	Zitronensaft
400 g	Crème double

Rezept für 4 Personen, Zubereitungszeit 10 min., 313 kcal pro Portion

1 Mangofilets im Mixtopf Stufe 8 pürieren. Gelatine in etwas lauwarmem Wasser auflösen. Das Mangomus im Mixtopf 80 °C/Stufe 1/Linkslauf leicht erwärmen und Zucker und Zitronensaft zugeben, so dass sich der Zucker auflöst.Temperatur ausschalten und Gelatine auf Stufe 2 einrühren und abkühlen lassen.

2 Creme double steif schlagen und unter das Mangopüree mit hilfe des Spatels ziehen. Die Masse in eine flache Form geben und im Tiefkühler gefrieren lassen, jede Stunde mal umrühren. Wenn die Mangocreme komplett durchgefroren ist, in Schälchen anrichten und servieren.

Vietnamesischer Eiskaffee

4 EL	Kaffeebohnen	800 ml	Wasser
4 EL	Kondensmilch gezuckert	etwas	crashed Eis

Rezept für 4 Personen, Zubereitungszeit 10 min., 36 kcal pro Portion

1 Die Kaffeebohnen im Mixtopf auf Stufe 8 mahlen. Nun mit Hilfe von heißem Wasser und einer Filtertüte filtern. Abkühlen lassen.

2 In ein Glas 1 EL von der dicken gesüssten Kondensmilch geben, dann das crashed Eis dazugeben und mit dem Kaffee übergießen.

Vietnamesischer Hühnchensalat

200 g	Weißkohl frisch	2 EL	Fischsoße
200 g	Hühnerbrust	1 EL	Zitronensaft
1 Bund	Minze frisch	1 TL	Balsamico-Essig
1 Stk.	Möhre	1 EL	Zucker
½Stk.	Zwiebel	1 Stk.	Knoblauchzehe
2 EL	Olivenöl	1 Stk.	Chilischote frisch

Rezept für 4 Personen, Zubereitungszeit 35 min., 120 kcal pro Portion

1 Chili, Knoblauch und Zwiebel im Mixtopf 30 Sek./Stufe 6 sehr fein haken und dann mit Zucker, Essig, Zitronensaft, Olivenöl und Fischsoße auf Stufe 2 vermischen. Diese Mischung 30 Minuten ziehen lassen. Wem die Soße nicht würzig genug ist, kann mit Pfeffer noch nachhelfen.

2 Die Hühnerbrust in der Pfanne braten, abkühlen lassen und in kleine Stücke schneiden. Den Weißkohl in dünne Streifen schneiden. Die Möhre schälen und ebenfalls in dünne Streifen schneiden. Die Minze waschen, trocknen und haken. Hühnchen, Weißkohl, Möhre und Minze in einer Schüssel vermengen. Die Soße darübergießen und vermischen.

Vietnamesisches Hackfleisch

500 g	Schweinefleisch faschiert	6	Schalotten
50 g	Mungobohnen reif frisch	4	Eier
6	Wolkenohrpilze, getrocknet	etwas	Salz Pfeffer
		etwas	Fischsoße

Rezept für 4 Personen, Zubereitungszeit 45 min., 288 kcal pro Portion

1 Mungobohnen und getrocknete Pilze einweichen (ca. 20 Min.) und dann im Mixtopf Stufe 5 grob hacken. Die restlichen Zutaten dazu und auf Stufe 2 miteinander gut verkneten und vermischen.

2 Die Masse in eine feuerfeste Form füllen und das Hackfleisch im Wasserbad ca 30 Min. garen. Man kann die Hackfleischstückchen in Salatblätter wickeln und in etwas Fisch- oder Sojasoße getaucht verspeisen.

Vietnamesisches Hummerkrabbengebäck

600 g	Hummerkrabben ohne Schale	100 ml	Olivenöl extra vergine
200 g	Räucherspeck	etwas	Chili rot
1 Dose	Sardellen (Anchovis)		

Rezept für 4 Personen, Zubereitungszeit 20 min., 390 kcal pro Portion

1 Das Krabbenfleisch mit dem Speck im Mixtopf 20 Sek./ Stufe 6 zerkleinern,aus dieser Masse kleine Laibchen formen und in der Pfanne braten.

2 Für die Soße Sardellenfilet im Mixtopf auf Stufe 5 fein hacken und mit Chili und Olivenöl verrühren. Fertig.

Pikante gegrillte Fischstückchen

3 Stk.	Knoblauchzehen	2 Stk.	Chilischote, frisch, rot
4 Stk.	Schalotten frisch	2 EL	Öl
3 Stängel	Zitronengras	500 g	Fischfilet frisch
1 TL	Kurkuma Gewürz	1 EL	Fischsoße
1 TL	Galgant		
etwas	Salz und Pfeffer		

Rezept für 4 Personen, Zubereitungszeit 30 min., 177 kcal pro Portion

1 Knoblauch, Schalotten, Zitronengras, Chili und die Gewürze in den Mixer geben und unter Zugabe von Öl auf Stufe 8 zu einer Paste pürieren. Den Fisch in mundgerechte Stücke schneiden, in eine Schüssel geben und mit der Gewürzpaste gut vermischen.

2 Abdecken und 15 Min. kalt stellen. Auf ein mit Folie belegtes Backblech legen und 3-4 Min. heiß grillen. Die Stücke dabei wenden, damit der Fisch von allen Seiten anbräunt. Fisch auf einer Servierplatte anrichten und Fischsoße darüber träufeln. Sofort mit Reis servieren.

Vietnamesisches Salatdressing

2	Limetten	50 ml	Sonnenblumenöl
2 EL	Reisessig	100 ml	Kokosmilch
1 EL	Palmzucker	½ TL	Fischsauce
2 cm	Ingwer geschält	1 TL	Chiliflocken
2	Knoblauchzehen		
1 Bund	Koriander gehackt		

Rezept für 4 Personen, Zubereitungszeit 20 min., 270 kcal pro Portion

1 Ingwer, Knoblauch und Koriander im Mixtopf 30 Sek./Stufe 5 hacken. Limetten heiß abwaschen und trocknen,1 Limette die Schale fein abreiben.Dann beide auspressen. Schale und 4 EL Saft mit in den Mixtopf geben.Essig und Zucker zufügen.Auf Stufe 2 verrühren und 5 Min. stehen lassen.

2 Nun Chili, Kokosmilch und Fischsauce dazu und auf Stufe 8 pürieren. Schmeckt lecker zu Nudel und Reissalate. In einer Flasche gefüllt im Kühlschrank 1 Woche haltbar.

Tapioka - Bananen - Pudding

2 Dosen	Kokosmilch	1	Kochbanane
200 g	Tapioca -Perlen, Bai Toey Geschmack	1 Tasse	Zucker
½ Tassen	Wasser		
4 Tropfen	Aroma (Pandan / Bai Toy Essenz)		

Rezept für 10 Personen, Zubereitungszeit 10 min., 254 kcal pro Portion

1 Tapioka Bai Toey Perlen 2 ½ Stunden in Wasser einweichen. Banane schälen und in mundgerechte Stücke schneiden, in den Mixtopf geben. Das restliche Wasser der Tapioka Perlen abschütten, dann die eingeweichten Tapioka-Perlen mit 1 ½ Tassen Wasser zu den Bananen in den Mixtopf geben.

2 Den Zucker ebenfalls in den Mixtopf geben, alles mit Kokosmilch aufschütten und die Bai Toey Essenz dazu geben. Nun auf Stufe 2/Linkslauf/25 Min köcheln. Die Tapioka-Perlen müssen klar sein, dann sind sie fertig. Kalt oder warm servieren.

Litschi - Minz - Sorbet

750 g	Litschis
1 Handvoll	Minze
100 g	Zucker
5 EL	Limettensaft
1 Blatt	Gelatine
2	Eiweiß

Rezept für 4 Personen, Zubereitungszeit 1 h, 158 kcal pro Portion

1 Die Litschis schälen und entkernen, die Minze waschen, mit dem Zucker, Limettensaft und Litschis in den Mixtopf geben und auf Stufe 8 pürieren. Die Masse durch ein Sieb streichen, wenn nötig mit etwas Wasser auf ca. 500 ml verlängern. Je nach Geschmack mehr Zucker oder Säure zugeben.

2 Die Gelatine in kaltem Wasser einweichen. Die Litschi Masse bei 100 °C/Stufe 2 kurz aufkochen lassen, die eingeweichte Gelatine zugeben und auflösen, die Masse wieder erkalten lassen. Die Eiweiß halbsteif schlagen und mit Hilfe des Spatels unter die Masse heben. Nun im Gefrierschrank gefrieren lassen.

Eingelegter Weisskohl

1 kg	Weißkohl	½ l	Reisessig
1 Stk.	Ingwer	2 EL	Zucker
½ Bund	Polygonum	1 EL	Salz

Rezept für 4 Personen, Zubereitungszeit 45 min., 400 kcal pro Portion

1 Ingwer im Mixtopf 30 Sek./ Stufe 5 zerkleinern. Weißkohl dazu und im Mixtopf Stufe 2 grob zerkleinern. 1 EL Salz zugeben auf Stufe 1/ Linkslauf verrühren und 30 Min. ziehen lassen.

2 Kohl mit einem Küchentuch fest ausdrücken und in ein Glas geben. Polygonum im Mixtopf Stufe 5 zerkleinern. Essig und Zucker dazu. Alles auf Stufe 1 vermischen und über den Kohl geben.

3 Glas gut verschließen und 1 Woche bei Zimmertemperatur an einem dunklen Ort ziehen lassen. Dann verbrauchen oder kühl stellen.

Eingelegte Chilis und Knoblauch

100 ml	Reisessig	10	milde, große Chilischoten
40 g	Zucker	10	junge Knoblauchzehen
etwas	Salz		

Rezept für 4 Personen, Zubereitungszeit 10 min., 215 kcal pro Portion

1 Reisessig, Zucker und 1 TL Salz in ein Einmachglas geben und gut Schütteln. Einen kleinen Topf mit Salzwasser zum kochen bringen. Chili und Knoblauch im Mixtopf Stufe 2 grob zerkleinern.

2 Dann ins kochende Wasser geben, nach 5 Sek. abgießen, kurz abschrecken und gut abtropfen lassen. Chili und Knoblauch mit in das Einmachglas. Dann verschließen und 1 Tag durchziehen lassen.

Gebackene Bananenblüten mit Erdnuss-Soja-Sauce

1	Bananenblüte	etwas	Salz
6 EL	Essig	1 TL	Zucker
100 g	Reismehl	½ l	Öl zum Ausbacken

Rezept für 4 Personen, Zubereitungszeit 15 min., 235 kcal pro Portion

1 Die äußeren, zähen Blätter der Bananenblüte entfernen. Das helle Herz der Blüte in die einzelnen Blätter teilen, die Babybananen dazwischen entfernen. Die Blätter längs in 3-4 mm breite Streifen schneiden. In eine Schüssel mit 1 l Wasser und Essig geben und 30 Min. ziehen lassen.

2 Reismehl, 1 Prise Salz und Zucker in den Mixtopf geben. 150 ml warmes Wasser dazu und auf Stufe 2 zu einem glatten Teig rühren. Dann 30 Min. ruhen lassen. Das Öl in einem hohen Topf erhitzen. Bananenblütenstücke in den Backteig geben und 2-3 Min. im Öl ausbacken. Abtropfen lassen und Limetten-Soja-Sauce (siehe nächste Seite) dazu servieren.

Limetten-Soja-Sauce mit Erdnüssen

4 EL	Erdnusskerne	½ Bund	Koriandergrün
etwas	Limetten-Soja-Sauce (siehe Seite 50)	3-4 Zweige	Polygonum

Rezept für 4 Personen, Zubereitungszeit 10 min., 150 kcal pro Portion

1 Erdnüsse in einer Pfanne ohne Fett rösten. 1 EL davon in den Mixtopf und 5 Sek./Stufe 2 grob hacken und beiseite stellen. Den Rest im Mixtopf auf Stufe 5 mahlen.

2 In einer kleinen Schüssel Limetten-Soja-Sauce mit Erdnüssen und Kräutern mischen.

Limetten-Soja-Sosse

1	Knoblauchzehe	3 EL	Limettensaft
1-2	Chilis frisch (thailänsiche Vogelaugenchilis)		
2 EL	Zucker		
4 EL	leichte Sojasoße		

Rezept für 4 Personen, Zubereitungszeit 10 min., 120 kcal pro Portion

1 Knoblauch und Chili im Mixtopf 30 Sek./Stufe 5 zerkleinern. Zucker dazu und nochmals 30 Sek./ Stufe 5.

2 Sojasoße, Limettensaft und 2-3 EL Wasser dazu und alles auf Stufe 2 mischen. Fertig.

Gedünstete Bohnen mit Senfkohl

500 g	lange,asiatische Bohnen	1 TL	Zucker
1 Bund	Koriander	2 EL	Sojasoße
1 Bund	Senfkohl	1	Ei
2	Knoblauchzehen	etwas	Salz und Pfeffer
2 EL	Öl		

Rezept für 4 Personen, Zubereitungszeit 20 min., 120 kcal pro Portion

1 Bohnen in 6 cm lange Stücke schneiden und 5 Min. in kochendem Wasser blanchieren. Abgießen und kalt abschrecken. Knoblauch und Koriander in den Mixtopf geben und 30 Sek./Stufe 8 zerkleinern.

2 Öl in einem Wok erhitzen und Knoblauch-Kräuter Masse anbraten. Zucker, Sojssoße und 100 ml Wasser zugeben. Das Ei verquirlen und hineinlaufen lassen. Bohnen dazu und 5 Min. garen. Senfkohl dazu und 1 Min. mitgaren. Mit Salz und Pfeffer abschmecken und servieren.

Heilbutt mit Tomatensauce

600 g	Heilbuttfilets	2 EL	Öl
250 g	reife Tomaten	2 EL	Fischsauce
1	rote Peperoni	½ Bund	Dill
2	Knoblauchzehen	etwas	Salz und Pfeffer
8	Kaffir-Limettenblätter	200 ml	Öl zum Braten
1 EL	brauner Zucker		

Rezept für 4 Personen, Zubereitungszeit 25 min., 490 kcal pro Portion

1 Knoblauch und Peperoni im Mixtopf Stufe 8 zerkleinern. Tomaten und Limettenblätter dazu und auf Stufe 2 zerkleinern. Nun Zucker und Öl dazu und bei 100 °C/Stufe 2/ Linkslauf andünsten nach 2 Min.
4 EL Wasser und Fischsauce dazu und bei 80 °C für 15 Min. kochen lassen.

2 In der Zwischenzeit in einer Pfanne Öl erhitzen und den Fisch darin von beiden Seiten anbraten. Aus der Pfanne nehmen und auf einem Teller anrichten. Nun Tomatensauce darüber und mit Dill garnieren.

Grünes Bohnenkonfekt mit Sesam

200 g	Mung-Bohnen, geschält, halbiert	1 TL	Öl
3 EL	Sesamsamen		
150 g	Zucker		
30 g	Ingwer		
etwas	Muskatnuss		

Rezept für 4 Personen, Zubereitungszeit 1 h, 380 kcal pro Portion

1 Mung-Bohnen 12 Stunden in kaltem Wasser einweichen, abgießen und abtropfen lassen. Bohnenkerne in einer Pfanne 20-25 Min. rösten. Sesam in anderer Pfanne rösten bis sie duften.

2 Bohnen abkühlen lassen und anschließend im Mixtopf 1 Min./Stufe 5 zerkleinern. Ingwer dazu und nochmals 30 Sek./Stufe 8 zerstoßen.

3 1 l Wasser zugeben und bei 100 °C zum kochen bringen. Zucker dazu und bei 70 °C/Linkslauf/Stufe 1 einkochen lassen, bis eine dicke glatte Paste entsteht. Muskatnuss dazu. Ein Blech mit Öl bestreichen und die Bohnenpaste darauf 2 cm dick verstreichen. Sesam drauf verteilen und die Masse auskühlen lassen. Das kalte Konfekt in kleine Stücke schneiden. Fertig.

Schwarze-Bohnen-Kaltschale

100 g	schwarze Bohnen	1 TL	Speisestärke
80 g	Zucker		

Rezept für 4 Personen, Zubereitungszeit 10 min., 170 kcal pro Portion

1 Schwarze Bohnen in lauwarmes Wasser geben und über Nacht einweichen. Die Bohnen zum kochen bringen und abgießen.

2 Nun die Bohnen in den Mixtopf und mit 1 ½l Wasser bei 80 °C/Linkslauf/ Stufe 1 für 2 Stunden kochen lassen, bis die Bohnen weich sind.

3 Bohnen abgießen und Flüssigkeit auffangen. Auf 1 l ergänzen und wieder mit den Bohnen in den Mixtopf. Zucker und Speisestärke dazu und weitere 5 Mn./80° C/ Linkslauf/Stufe 1 kochen. Abkühlen lassen und mit Eiswürfeln servieren.

Rote Bohnen Paste

150 g	rote Bohnen	3 EL	Öl
4 EL	Zucker		

Rezept für 4 Personen, Zubereitungszeit 1 h., 130 kcal pro Portion

1 Bohnen 12 Stunden in Wasser einweichen. Dann 1 h weich kochen. Dann Bohnen in den Mixtopf und auf Stufe 8 pürieren.

2 Zucker und Öl dazu und bei 80 °C/Linkslauf/Stufe 1 aufkochen. Dann mit etwas Wasser auf Stufe 2 zu einer cremigen Masse verrühren.

Süss-Scharfer-Zitronen-Dip

2	Zitronen	4 EL	Fischsauce
2	scharfe Chilischoten		
60 g	Zucker		

Rezept für 4 Personen, Zubereitungszeit 10 min., 120 kcal pro Portion

1 Zitronen mit einem scharfen Messer schälen, dass auch die weiße Haut entfernt wird. Filets aus den einzelnen Segmenten lösen und dabei Saft auffangen. Sollten ca. 100 ml ergeben.

2 Chilis entkernen und in den Mixtopf geben 30 Sek./Stufe 8 zerkleinern. Zitronenmasse und Zucker dazu und nochmals auf Stufe 8 zerkleinern. Dann die Fischsauce dazu und auf Stufe 2/Linkslauf verrühren.

Ingwer-Limetten-Sauce

1	Knoblauchzehe	3 EL	Zucker
60 g	Ingwer	2 EL	Limettensaft
2	Peperoni	4 EL	Fischsauce

Rezept für 4 Personen, Zubereitungszeit 10 min., 140 kcal pro Portion

1 Knoblauch, Ingwer und Peperoni im Mixtopf 30 Sek./Stufe 6 zerkleinern. Zucker dazu und auf Stufe 8 zu einer feinen Paste zerkleinern.

2 Limettensaft, Fischsauce und 3 EL Wasser dazu und auf Stufe 2 verrühren. Passt perfekt zu Huhn- oder Fischgerichten.

Fisch-Dip

1	Chilischote	2 EL	Limettensaft
1	Knoblauchzehe	4 EL	Fischsauce
1-2 EL	Zucker		

Rezept für 4 Personen, Zubereitungszeit 10 min., 130 kcal pro Portion

1 Chili und Knoblauch im Mixtopf auf Stufe 8 zerkleinern.

2 Zucker, Limettensaft und Fischsauce dazu und auf Stufe 2 verrühren.

3 Den Dip kann man nach belieben mit Wasser verdünnen.